LA COMMISSION POPULAIRE

DE SALUT PUBLIC

DU DÉPARTEMENT DE LA GIRONDE,

AUX CITOYENS DU DÉPARTEMENT.

CITOYENS,

La souveraineté du peuple ne seroit qu'une chimere, si ceux qu'il a chargés d'exprimer sa volonté ne jouissoient de la plus entiere liberté.

La liberté ne seroit qu'un vain nom, si elle n'existoit pas dans l'assemblée des représentans de la nation.

Ces vérités sont incontestables. Des fourbes adroits peuvent bien les faire perdre un instant de vue, en excitant les passions, en réveillant les haines; mais ils ne sauroient les affoiblir.

Ainsi, pour juger le procès qui existe aujourd'hui entre la grande majorité des départemens, et une faction dominatrice, il s'agit uniquement d'examiner si les représentans du peuple ont constamment joui de la plénitude de leur liberté dans la convention nationale; s'ils en ont joui dans les journées des 31 mai, 1er et 2 juin, et s'ils en jouissent depuis cette époque.

En analysant ce qui s'est passé dans la convention nationale, plusieurs mois avant l'époque du 31 mai, on se convaincra aisément qu'on y a fréquemment porté l'atteinte la plus directe à la liberté des suffrages ; on verra que la minorité a souvent mis en usage les moyens les plus violens, pour intimider les hommes foibles, pour arracher des décrets, pour en faire rapporter qui avoient été rendus à la presque unanimité, pour entraver les délibérations, pour empêcher l'assemblée de s'occuper des objets les plus importans, et sur-tout de la constitution, pour obtenir, à force de cris et de menaces, ce qu'on n'auroit jamais obtenu par l'effet d'une discussion calme et réfléchie.

On verra que cette minorité n'a point rougi de se faire seconder par des tribunes composées, en grande partie, de tout ce qu'il y a de plus vil et de plus crapuleux dans la ville de Paris ; que donnant sans cesse à ces tribunes le nom de *peuple*, elle s'est conduite à leur égard, comme si le peuple Français avoit eu là une seconde représentation, ou plutôt comme s'il eût été en masse dans ces tribunes.

On verra que les chefs de cette minorité se sont emparés de toutes les parties du gouvernement ;

Qu'ils ont fait destituer les ministres qui ne leur étoient pas totalement dévoués ;

Qu'ils leur en ont substitué d'autres universellement connus par leur impéritie et par leurs malversations ;

Que dès-lors il n'a plus été possible de faire punir, ni même cesser les dilapidations les plus excessives, les désordres les plus révoltans, les entreprises les plus criminelles ;

Que l'approvisionnement des armées de la république a été livré à des Vampires qui ont porté les dépenses à un taux effrayant, et que cependant nos braves défenseurs n'en ont pas moins été exposés à manquer des choses les plus nécessaires à la guerre, et à périr de faim, de froid et de misère;

Qu'au lieu de 100 millions par mois qui auroient suffi pour entretenir nos armées sur le meilleur pied, les gaspillages, les profusions et les vols de toute espece, ont dévoré jusqu'à 4 ou 500 millions; ce qui fait, dans une année, la somme énorme de 4 à 5 milliards.

On verra que la faction est parvenue à faire envoyer dans tous les départemens, et auprès des armées, ces proconsuls revêtus d'un *pouvoir absolu*, qui ont scandalisé la France entiere, par l'usage immoral et tyrannique qu'ils en ont fait;

Qu'uniquement occupés de faire triompher le parti qui les avoit nommés, ces proconsuls n'ont rien négligé pour exciter les défiances et la haine des citoyens contre la majorité de la convention; qu'ils ont provoqué des adresses contre cette majorité par-tout où ils ont trouvé des hommes assez foibles ou assez stupides pour céder à leurs insinuations; qu'après avoir dépeint leurs collegues sous les couleurs les plus fausses, et les avoir désignés aux vengeances du peuple sous les noms de *côté droit*, de *la plaine* ou *du marais*, ils ont porté le délire jusqu'à demander qu'on ne regardât comme vrais représentans du peuple, que ce qu'ils appelloient la *montagne*, *la sainte montagne*.

Un projet aussi odieux ne pouvoit être conçu que par des scélérats ambitieux, et il ne pouvoit plaire qu'à quelques intrigans subalternes, flattés de servir sous les premiers; mais malheureusement il existe toujours de pareils hommes dans des temps de révolution : il s'en est trouvé dans la convention nationale, et on les a vu suivre leur plan, les uns avec une audace, les autres avec une bassesse bien dignes d'une telle cause.

Lorsque les proconsuls eurent semé leur infernale doctrine dans les départemens, et qu'ils y eurent donné des preuves de leur toute-puissance, en déplaçant la plupart des hommes courageux qui avoient osé leur résister, en destituant arbitrairement des fonctionnaires publics irréprochables, en les emprisonnant, et en leur substituant des hommes sur qui ils crurent pouvoir compter, ils ne cherchèrent plus qu'*à faire leur révolution* à Paris; la faction annonça ouvertement que lorsque cette ville auroit frappé les grands coups, les départemens n'opposeroient plus qu'une foible résistance, et qu'ils finiroient par se *soumettre* à la puissance que Paris auroit reconnue.

Cependant il y avoit dans la convention nationale un certain nombre de représentans fermes et courageux, bien décidés à défendre les droits du peuple. Il y en avoit un plus grand nombre qui, sans avoir la même énergie ou les mêmes moyens de la développer, avoient des intentions pures, et devoient nécessairement se rallier aux premiers, lorsqu'il ne seroit plus douteux pour eux que la faction tendoit à opprimer la liberté.

Ces obstacles avoient été prévus; ils n'effrayèrent point la faction: elle résolut de faire massacrer, par une partie du peuple égarée dont elle dirigeoit les mouvemens à son gré, les députés les plus courageux. Elle ne douta point que les autres, effrayés par cet exemple terrible, ne cédassent au parti triomphant. Mais au reste, s'ils entreprenoient de résister, on avoit bien aussi préparé les moyens de s'en débarrasser. Déjà ils étoient désignés sous les noms d'*appellans*, *d'hommes d'état*, noms qu'on avoit eu soin, à l'avance, de rendre odieux à une tourbe insensée et frénétique.

Dautres complots avoient déjà échoué ; mais ils n'avoient pas été punis. Celui-ci eut pour base et pour premier moyen, la pétition faite sous le nom de la commune de Paris, contre les vingt-deux représentans les plus connus par leur énergie et par leur républicanisme. On sait quel fut le sort de cette fameuse pétition : elle fut déclarée *calomnieuse à la presque unanimité*, et ce grand coup des dominateurs anarchistes parut manqué. Mais cet échec ne fit que rendre la faction plus furieuse. Elle pensa que les moyens qu'elle avoit employés jusques là, n'étoient pas *assez révolutionnaires*, et elle résolut de ne plus garder aucune mesure.

C'est ainsi qu'au mépris du décret qui déclaroit la pétition *calomnieuse*, on vit battre la caisse à Paris pour y faire ajouter de nouvelles signatures, et qu'on força, par les menaces les plus terribles, un grand nombre de citoyens de la signer. Des placards séditieux contre la majorité de la convention nationale furent affichés avec profusion. Des journaux obscènes et sanguinaires crioient chaque jour au peuple *d'exterminer les hommes d'état*; ils lui disoient *que les contre-révolutionnaires étoient dans la convention; qu'il falloit leur faire passer le goût du pain; que la poire étoit mûre; qu'il étoit temps de frapper.* Les mêmes discours se tenoient journellement au conseil-général de la commune de Paris, à la tribune de la société des *Jacobins*, à celle des *Cordeliers*.

Les auteurs de ces motions atroces ne se cachoient pas ; c'étoient plusieurs membres de la convention ; c'étoient des administrateurs du département de Paris ; c'étoient des membres du tribunal révolutionnaire ; c'étoit un Chaumet, procureur de la commune de Paris, un Hébert, son digne substitut. En un mot, ces motions sanguinaires étoient, pour ainsi dire, au grand ordre du jour dans les séances publiques de tous les corps constitués de Paris, dans celles des sociétés populaires, et enfin dans les *comités révolutionnaires* tenus en secret à *l'évêché* et à la *mairie*. Dès-lors il ne fut plus douteux pour personne qu'il se préparoit un nouveau complot contre la représentation nationale.

Citoyens, vous savez ce que la convention fit alors pour déjouer ce complot ; ce fut dans cet objet qu'elle institua la commission des douze. A peine formée, cette commission recueillit les preuves qu'on avoit tenté de dissoudre la convention nationale ; elle annonça à la convention l'existence de ce complot. Les membres de la commission déclarerent, par l'organe de son rapporteur, que les principaux coupables étoient déjà connus, et promirent, sur leur tête, que la preuve seroit complette. Ces faits sont connus de toute la France : ils sont consignés dans tous les journaux, et le plus impudent des conspirateurs ne sauroit les nier : il en est de même des événemens qui ont suivi cette époque.

La convention nationale fut forcée de casser cette commission si redoutable pour les conspirateurs ; celle-ci ne put obtenir de faire son rapport, ni même de se faire entendre avant qu'on ne rendît des décrets contre ses membres. Le conseil-général de la commune de Paris, plus fort que la convention, obtint sur elle une victoire complette dans l'affaire du substitut *Hébert*.

Il fut alors aisé de prévoir quelle seroit l'issue de la lutte qui s'étoit établie entre la convention nationale et ses ennemis.

Vainement les bons citoyens de Paris auroient-ils voulu rester fideles à la convention : ils avoient le malheur d'avoir pour magistrats des hommes vendus à la faction, des hommes qui connoissoient tous les ressorts de l'intrigue, et qui disposoient des sommes énormes qu'ils distribuoient à leurs agens. On fit donc servir les bons citoyens eux-mêmes, d'instrument à une faction qu'ils détestoient.

Nous ne vous retracerons point ici, citoyens, ce qui s'est passé dans les horribles journées des 31 mai, 1er et 2 juin.

Les récits les plus authentiques, faits par une foule de témoins oculaires, en contiennent les principaux détails, et les conspirateurs eux-mêmes sont forcés de convenir que la force armée a investi le lieu des séances de la convention nationale ; que l'appareil le plus formidable de canons, de grils à rougir les boulets, de fusils et de piques a été dirigé contr'elle ; que ses décrets ont été méconnus et méprisés ; qu'elle a elle-même reçu les ordres du commandant féroce de cette force armée, lequel commandant avoit été créé exprès pour *cette expédition* ; que c'est dans cette attitude qu'on a exigé que la convention livrât trente-deux de ses membres, sans discussion et sans motifs, et que ce n'est qu'après avoir obéi qu'elle a pu sortir du lieu de ses séances.

Ces faits principaux ont été accompagnés des circonstances les plus atroces. Encore une fois, vous en trouverez le récit dans des écrits signés par des députés nom proscrits, et présens à ces scenes honteuses, par des députés qui avoient voté jusques-là dans le même sens que le parti de la montagne, mais qui, révoltés de tant d'atrocités, ont cru devoir rendre un hommage éclatant à la vérité. L'un de ces écrits a été déposé, signé par son auteur, sur le bureau de la convention, par un député qui, en faisant cette action courageuse, et restant à son poste, s'est dévoué aux poignards des assassins.

Nous vous le demandons maintenant : est-il un homme de bonne foi qui puisse nier que la souveraineté nationale n'ait été indignement outragée ; et si cet outrage n'a point été réparé, si les auteurs de ce crime n'ont été ni punis, ni même recherchés, n'est-il pas tout aussi évident que depuis, la convention nationale n'a recouvré ni sa dignité, ni sa liberté ? Français ! une partie de vos représentans sont dans les fers, et jusqu'à présent on ne leur a imputé sérieusement d'autre crime que d'avoir courageusement défendu vos droits. Plusieurs autres ont fui une ville où depuis long-temps une horde d'assassins ne cessoit de les menacer de leurs poignards. D'autres enfin attestent, par leur présence forcée dans le lieu des séances de la convention, qu'il n'y existe plus aucune liberté. Si quelques députés osent encore parler pour la justice, on les menace du sort de leurs collegues. L'un d'eux (*Condorcet*) est décrété d'arrestation, non pas parce qu'on l'a *convaincu*, mais seulement parce qu'on l'*accuse* d'avoir publié ses réflexions sur le plan de constitution qui doit vous être présentée ; un autre est décrété d'arrestation pour avoir fait parvenir cet ouvrage à un ami ; un autre est envoyé, pour trois jours, à l'abbaye, pour avoir applaudi à une mesure utile. On refuse à des représentans du peuple ce qu'on n'a jamais refusé aux plus vils criminels, le droit d'être entendus avant d'être jugés. Jamais enfin la tyrannie ne se montra sous une forme plus hideuse. Vainement la nation entiere se souleve-t-elle contre des injustices aussi criantes. Toute pudeur est désormais foulée aux pieds. Le despotisme et l'hypocrisie levent une tête altiere, et nos nouveaux tyrans semblent n'avoir plus rien à craindre ni à ménager. Fideles aux maximes constantes de la tyrannie, ils veulent diviser pour régner ; ils cherchent à armer les citoyens contre les citoyens, les départemens contre les départemens ; ils répandent avec profusion les trésors de l'état pour corrompre l'opinion ; ils lancent des lettres de cachet contre les élus du peuple dont ils redoutent la fermeté ; ils entassent leurs victimes dans des cachots ; ils menacent les villes et les départemens les plus célebres par leur dévouement à la cause de la liberté, de faire marcher contr'eux les armées de la république ; et déjà le sang des Français auroit coulé par la main de leurs freres, si l'on avoit voulu céder à leur aveugle fureur. C'est sur-tout contre les républicains les plus prononcés qu'ils montrent le plus d'acharnement ; et jamais on ne mit autant d'ardeur à poursuivre les contre-révolutionnaires. Que disons-nous ? Ceux-ci même trouvent grace devant eux, pourvu qu'ils s'offrent à servir leurs vengeances. Telle est, citoyens, l'affreuse position où se trouve aujourd'hui notre patrie, ou plutôt la ville de Paris. Telles sont les causes de l'insurrection qui a éclaté de toutes parts contre l'anarchie.

Vous n'avez pas été les derniers à vous élever contre la nouvelle tyrannie qui menaçoit la liberté. Vous avez déclaré que vous vous resaisissiez de votre portion de souveraineté, et vous nous avez investis de tous vos pouvoirs, en nous chargeant expressément de prendre tous les moyens propres à rétablir l'intégralité de la représentation nationale, et à lui rendre sa liberté et sa dignité.

Avons-nous été fideles au mandat que vous nous avez donné ? C'est à vous, et à vous seuls d'en juger. Nous avons déclaré à la France entiere, que nous ne reconnoissons que vous pour juges de notre conduite.

C'est pour vous mettre à portée de l'apprécier dans tous ses détails, que nous vous avons adressé les bulletins de toutes nos séances, les arrêtés que nous avons pris ; enfin, toutes les pieces que nous avons fait imprimer.

Nous avons appris que ces divers écrits ont été soustraits à plusieurs communes, et il n'est pas douteux que cette interception de nos communications avec elles, ne soit l'effet de la malveillance.

Pour détruire l'effet de cette manœuvre, quelques citoyens zélés nous offrent de se transporter au milieu de vous, afin de rétablir dans vos mains ces pieces qui vous étoient destinées.

Vous y verrez que conformément aux intentions fortement exprimées, par la grande majorité d'entre vous, nous n'avons point reconnu la convention nationale dans une faction qui la domine.

Vous y verrez que nous n'avons point reconnu comme loix, des actes arbitraires et tyranniques émanés de cette prétendue convention.

Cependant la prudence exigeoit que parmi les décrets qui pourroient être rendus depuis le 31 mai, on distinguât ceux qui auroient pour objet la défense générale de la république, et ceux dont l'inexécution pourroit être nuisible au bien général.

Le principe de la nécessité de cette distinction fut donc établi dans une des premieres séances de la commission populaire, et elle arrêta que sur le rapport qui lui en seroit fait, elle ordonneroit la promulgation de ceux de ces décrets dont l'exécution pourroit être instante.

C'est ainsi que sur la réclamation des citoyens de Portets, Arbanats, Virelade, Saint-Michel et Castres, nous avons fait promulguer le décret relatif au partage des biens communaux ; décret dont le principe avoit été consacré long-temps avant que la convention nationale ne fût privée de sa liberté.

Mais quant à ces décrets qui sont évidemment l'ouvrage de la faction, et qui ont pour but de détruire la liberté, nous les avons rangés parmi ces actes d'oppression auxquels vous nous avez chargés d'opposer la plus vigoureuse résistance. Vainement nous auroit-on dit que nous courions des dangers personnels. Nous ne l'ignorions pas au moment où nous avons accepté l'honorable mission que vous nous avez confiée ; vous ne l'ignoriez pas vous-mêmes, puisque vous nous avez déclaré que vous nous déchargiez de toute responsabilité. Nous aurions donc été de lâches et infideles mandataires, si de tels dangers avoient pu nous arrêter un seul instant.-- Nous avons marché d'un pas ferme vers le but que vous nous avez indiqué, et dès les premiers pas nous avons eu la satisfaction de voir que la presque totalité des départemens de la république ont pris les mêmes mesures et les mêmes résolutions que vous. Tous ont vu du même œil les horribles journées des 31 mai, 1 et 2 juin ; tous ont manifesté l'intention courageuse de venger la représentation nationale outragée ; tous auroient voulu suivre l'exemple généreux des départemens de la ci-devant Bretagne, de la ci-devant Normandie, de Marseille, de

Lyon, de Nîmes, de Montpellier et des autres départemens du Midi ; mais la position de quelques-uns de ces départemens s'opposoit à ce qu'ils joignissent leurs forces à celles qui marchent déjà vers Paris, pour y rétablir l'ordre ; et nous-mêmes, citoyens, avons éprouvé bien des contrariétés pour la formation du contingent que la patrie en péril réclame de nous.

Cependant le patriotisme a détruit les efforts de la malveillance et de l'anarchie. Les obstacles disparoissent à mesure que les esprits s'éclairent. Une partie de notre force est déjà en marche. Le restant s'organise, et le département de la Gironde va encore une fois s'honorer par une démarche éclatante et par de nouveaux sacrifices à la liberté.

Nous pouvons donc enfin annoncer aux départemens qui nous attendent avec tant d'impatience, que vos promesses ne sont point vaines. Déjà les anarchistes frémissent, et les bons citoyens se rassurent. Déjà nous pouvons, comme l'armée commandée par le général *Wimphen*, promettre une protection efficace à tous les vrais républicains, et assurer que nous ferons respecter la volonté générale ; nous pouvons, comme lui, dire que nos freres marchent pour accomplir le vœu du peuple Français, et qu'ils vaincront tous ceux qui voudroient inquiéter leur marche. Ainsi, le peuple peut librement émettre sa volonté dans ses assemblées primaires ; il peut compter sur la fermeté et sur le courage des citoyens qui ont pris l'engagement de la faire respecter.

On ne peut douter que ce ne soit l'indignation universelle qui a éclaté de toutes parts, contre les crimes des 31 mai, 1er et 2 juin, qui a fait renoncer, du moins en apparence, aux projets qu'avoient formés quelques chefs de la faction, de rendre notre gouvernement municipal, et d'attribuer la suprematie à la commune de Paris. La résistance des départemens a forcé ceux là même qui éloignoient le plus la discussion de la constitution, de s'en occuper promptement. Ils en ont adopté une en beaucoup moins de temps qu'ils n'en avoient mis à empêcher, par de misérables incidens, leurs collegues de travailler à ce grand ouvrage. Les mêmes hommes qui, peu de jours auparavant l'arrestation des trente-deux députés, déclaroient hautement que le moment n'étoit pas venu de faire la constitution, ont pressé l'adoption du plan qui étoit l'ouvrage de leur parti, et quelques séances ont suffi pour le faire décréter en masse, et sans presque aucune discussion. Les assemblées primaires, qu'ils redoutoient tant, ils les ont convoquées eux-mêmes, parce qu'ils ont vu que le peuple ouvroit enfin les yeux sur leurs projets liberticides. Ainsi nous pouvons bien nous féliciter de ce qu'une partie de leur plan a été dérangée par la résistance qu'on leur a fait éprouver. Mais, ne nous y trompons pas, ces affreux projets ne seroient qu'ajournés, si nos mesures étoient ralenties. Ceux qui les ont formés en reprendroient bientôt le fil, s'ils croyoient pouvoir le faire impunément. Il est donc plus nécessaire que jamais de garder une attitude qui leur en impose, et de prévenir de nouveaux attentats.

Ainsi, citoyens, pendant que votre force départementale va vous défendre loin de vos foyers, et faire triompher la bonne cause par-tout où elle se présentera, vous devez soigneusement vous préserver des perfides suggestions de tous les ennemis du bien public. Surveillez plus sévérement que jamais les aristocrates, les royalistes, les factieux et les anarchistes qui se glissent parmi vous.

Tous ces hommes sont également ennemis de vos administrateurs et de vos magistrats, parce que ceux-ci, fideles à leurs devoirs, ne flattent et ne ménagent aucun parti. Nous n'ignorons pas les moyens qu'ils emploient pour vous séduire, et pour nous ôter votre confiance; mais nous avons pour sauve-garde auprès de vous, une conduite ferme, pure, et parfaitement désintéressée. Nous aurons donc, pour défenseurs et pour amis, tous les bons et loyaux républicains. La voix de ceux-ci l'emportera toujours, auprès de vous, sur les menées obscures de quelques détracteurs de la bonne cause, de quelques lâches que vous accablerez de tout votre mépris.

Citoyens, vous allez exercer votre portion de souveraineté. Dès ce moment, il ne peut plus exister d'autres autorités que celles que vous aurez créées par un acte formel de votre volonté; ou dont vous aurez approuvé l'existence par un consentement tacite.

Dans toute autre circonstance, il suffiroit peut-être à la commission populaire de salut public, qui n'existe que par vous et pour vous, d'avoir ce consentement tacite pour continuer ses fonctions; mais dans ce moment, nous croyons nécessaire d'ôter à tous les malveillans jusqu'au moindre prétexte de troubler la tranquillité publique, et c'est par ce motif que nous vous invitons à vous expliquer sur l'existence de la commission.

Vous jugerez dans votre sagesse si elle doit poursuivre les opérations qu'elle a commencées, et continuer sa correspondance avec les autres départemens, jusqu'à ce que les dangers qui l'ont fait établir ne menacent plus la république d'une subversion totale.

Vous jugerez si, lorsque les ennemis de la liberté redoublent de rage et de fureur, il n'est pas nécessaire que ses défenseurs veillent sans cesse pour la préserver de leurs coups; vous jugerez enfin s'il n'est pas indispensable qu'il y ait dans le département un centre commun, d'où partent toutes les mesures qui tendent à délivrer la Convention nationale du joug qui l'opprime, ou à mettre à leur place de nouveaux représentans, qui puissent donner au gouvernement la stabilité sans laquelle l'état seroit bientôt bouleversé.

Mais, Citoyens, si vous approuvez que la commission populaire continue de remplir les importantes fonctions que vous lui avez confiées, nous croyons devoir vous indiquer un moyen propre à lui donner une plus grande stabilité, et un caractere tel, que tous les efforts de la malveillance échouent contre les mesures que votre intérêt pourra lui dicter.

Ce moyen consiste à lui adjoindre un de vos délégués par chaque canton, afin de coopérer à ses travaux, et de les rendre de plus en plus utiles par la connoissance particuliere des localités que chacun de ces nouveaux membres y apportera.

Citoyens, tous les hommes libres sont freres. Que les liens de la plus sincere et de la plus tendre fraternité se resserrent de plus en plus entre nous. Les méchans sont en ce moment réunis pour nous perdre: que les bons citoyens se réunissent pour se sauver, et pour sauver avec eux la chose publique. L'union des méchans ne sera pas de longue durée; la nôtre sera éternelle, parce qu'elle est fondée sur la vertu et sur une confiance mutuelle. Nous ne pouvons donc manquer de vaincre tous nos ennemis; et les citoyens de la Gironde, toujours dignes de la réputation qu'ils ont acquise, auront la gloire d'avoir sauvé la liberté et l'égalité, et d'avoir maintenu la république une et indivisible.

Fait en commission populaire de salut public du département de la Gironde, Bordeaux, le 16 juillet 1793, l'an deuxieme de la république Française.

Signés CHOLET, *président ;* Partarrieu, Drignac, Lacombe, Duvigneau, *secrétaires.*

A BORDEAUX,
De l'Imprimerie de Simon LACOURT, Imprimeur de la Commission, rue du Cahernan, N° 42.

www.ingramcontent.com/pod-product-compliance
Lightning Source LLC
Chambersburg PA
CBHW070539050426
42451CB00013B/3088